HENRI CARTIER-BRESSON

RETRATOS 1928-1982

LOS GRANDES
FOTÓGRAFOS

HENRI

EDICIONES ORBIS, S.A.

Georges Davis y Carson McCullers, escritores, 1946.

CARTIER-BRESSON

RETRATOS
1928-1982

EL GRAN REVELADOR

por André Pieyre de Mandiargues

Henri Cartier-Bresson

Cuando me encuentro frente a Henri Cartier-Bresson vuelvo con la memoria a los míticos años treinta en los que pude asistir, durante nuestros viajes por Europa y nuestros paseos por las calles de París, al nacimiento del fotógrafo más importante de los tiempos modernos que, dedicado a la pintura por aquel entonces, se abandonaba a un espontáneo impulso, a una especie de juego, de la misma forma en que otros se abandonaban a la poesía. Nunca pensó que esta actividad, a la sazón puramente lúdica, pudiese transformarse en una profesión que le proporcionara grandes beneficios: ambos éramos dos pequeño-burgueses apenas salidos de la adolescencia y alejados a duras penas de las férreas leyes de la "buena sociedad". La palabra carrera, o incluso la palabra trabajo, nos producía náuseas. Nuestras familias comenzaban a contemplar con aprensión aquella resistencia a cualquier forma de compromiso profesional consagrado por la tradición y, por ende, conformista. El tiempo pasaba. En Henri Cartier-Bresson pronto se produjo una cristalización que comenzó a transformarle en aquel hombre ardiente, impulsivo, enérgico y genial que, gracias a la fotografía, estaba destinado a ser. Habiendo sido prisionero de guerra en Alemania, participó en el movimiento clandestino de ayuda a los prisioneros y evadidos de los campos de concentración y en 1944 se unió al grupo de profesionales que fotografiaron la liberación de París. Más tarde viajó a Estados Unidos para supervisar la preparación de una exposición que había sido organizada como homenaje "póstumo" por el Museo de Arte Moderno de Nueva York, que lo creía desaparecido en acción de guerra. Esta exposición estaba complementada con una monografía que puede considerarse la primera publicación de cierta entidad dedicada al análisis de su obra. En aquella época Henri Cartier-Bresson descubrió por fin su vocación. Quisiera reseñar que en este caso el término "vocación" tiene un sentido, una dignidad y un peso específico mucho más significativo que los genéricos "carrera" o "empleo". Cartier-Bresson es un verdadero fotógrafo: un fotógrafo anómalo, absolutamente distinto de los demás, por cuanto cada una de sus manifestaciones artísticas resulta por completo original. Cuando en 1952 la editorial Verve publicó su primer gran álbum de fotografías, con una portada realizada por Matisse, él escogió como definición de las imágenes y del texto de la obra un título intencionadamente modesto: *Images à la sauvette* (imágenes tomadas subrepticiamente, a hurtadillas). En realidad, por lo que yo sé, Cartier-Bresson no ha huido nunca de ningún lugar, excepto naturalmente de los campos de concentración. Es un hombre que afronta la realidad en toda su plenitud, sin tratar jamás de eludirla: asimila, como por azar, ciertos matices que al ser plasmados por su objetivo, adquieren una vigorosa fuerza testimonial.

Como los héroes de los más bellos poemas de Apollinaire, Cartier-Bresson es un inspirado paseante, rápido en sus movimientos como el Guillaume de los versos, siempre en busca de una serie de imágenes reveladoras que puedan modificar la aparente banalidad de nuestro mundo para descubrir la más íntima y secreta realidad. Para ello hace uso de una considerable ironía tocada de un cierto matiz de crueldad, requisitos ambos imprescindibles para plasmar una representación intensa y plena de este universo y de los personajes que en él se mueven y, en ocasiones, bullen.

Sobre esta primera fase de la obra de Cartier-Bresson se han escrito numerosos ensayos y tratados; por tanto me limitaré a subrayar que este artista no es, en absoluto, un esteta. Nunca se ha dedicado a la búsqueda de la imagen hermosa en sí misma. La belleza de la imagen es, para él, la revelación de un indefinible misterio, la intensa sugerencia de una visión fantástica de la realidad en la que lo trágico y lo cómico se confunden constantemente de la misma forma que, en literatura, sucede en las mejores narraciones de Hoffmann, Balzac, Kafka o Blanchot.

En estas imágenes los rostros, auténticamente sorprendentes, encuentran en cierto modo su propia "justificación" en los objetos y los mórbidos ambientes que los rodean, tal y como sucede con las ventanillas en las que las prostitutas mexicanas muestran sus enormes senos y sus caras monstruosamente maquilladas. A partir de esta concepción de la imagen Henri Cartier-Bresson comenzó a realizar sus primeros retratos en los que fotografiaba el rostro y el cuerpo de personas que le interesaban por razones completamente ajenas a la específica y simple apreciación plástica.
La importancia de este libro radica en que logra poner de relieve una vez más el hecho de que Cartier-Bresson, tanto en el retrato como en cualquier otro género, es un fotógrafo absolutamente distinto de los demás; la belleza de los rostros captados por su cámara es casi siempre dramática sin mostrar, por ejemplo, la elegancia de líneas característica de las damas, los artistas y los poetas reproducidos por el objetivo de Man Ray, por quien personalmente siento una profunda admiración.
Todos los famosos personajes que fueron "capturados" por aquel pequeño aparato, del que Cartier-Bresson no se separaba jamás por aquel entonces, parecen encantados por un toque de varita mágica. Magnificados y exaltados por la cámara, parecen congelados como por un disparo durante un espacio de tiempo increíblemente largo, si no por toda la eternidad. Aunque es innegable la gratitud que sus modelos sienten hacia Cartier-Bresson por haberlos inmortalizado, los personajes del fotógrafo son también, en cierto modo, sus víctimas. Como en la obra de los grandes literatos a los que antes aludía, en el ojo y en el objetivo de Henri existe un indudable sadismo. Un sadismo análogo al de la pluma de su viejo amigo Mandiargues...
En sus retratos se palpa un cierto espíritu metafísico: todos sus personajes conocidos, parecen captados en un particular momento, revelador de su propio destino, que los mantiene suspendidos entre la angustia y la resignación. El que más profundamente me conmueve de todos ellos, tal vez mi preferido, es el retrato de los esposos Juliot-Curie, en el que ambos aparecen con las manos entrelazadas, los rostros relajados y los ojos unidos, como por un hilo invisible, al objetivo del fotógrafo, en espera de un inexpresable, aunque ya presagiado futuro. Ni en los mejores cuadros de los maestros antiguos en los que aparece representado el Ángel de la Anunciación se aprecia una expresión de tan profunda y perturbadora inquietud.
La actitud de François Mauriac, que también posa con las manos casi entrelazadas, parece más serena debido tal vez al respaldo del sólido sillón en el que descansa, aunque sus labios tensos y su mirada absorta y perdida revelan que el Ángel se ha posado también sobre él. Matisse intenta protegerse detrás de sus palomas y Pierre Bonnard, en su estudio, parece aceptar con humildad su magnífico destino. Pierre Colle, en su lecho de enfermo, esconde el rostro bajo la sábana frente a tres zapatos que se deslizan amenazantes por el pavimento: dos pertenecen al posible moribundo, el tercero al ángel unípodo...
André Breton sonríe solitario y enigmático mientras juega con sus estatuillas africanas y polinesias: parece inalterado, intacto frente al objetivo revelador, tal y como corresponde a un personaje de su excepcional talento.
Los retratos de Cartier-Bresson merecerían un análisis profundo y específico: son hechos extraordinarios tanto desde el punto de vista de su sentido intrínseco como desde el del significado específico, implicado por el soporte de la fotografía en blanco y negro. Un volumen dedicado a estos retratos es, sin duda, un excepcional acontecimiento. Observad los rostros de aquellos sobre los que tanto habéis oído hablar, penetrad en el fascinante mundo de la celebridad y del oscuro anonimato, tan efímeros ambos como la gloria y la condena. Es un consejo que me agradeceréis.

Hay sadismo en el ojo y en el objetivo de Henri Cartier-Bresson. Un sadismo análogo al de la pluma de André Pieyre de Mandiargues, que expresa en estas líneas su profunda admiración por el genial fotógrafo.

Mi amigo Romeo Martínez es, en mi humilde opinión, el confesor de una gran cantidad de fotógrafos que se acercan a él para obtener la absolución. Su mayor pecado es el no haber nunca pedido nada a cambio del culto que profesa por la fotografía. Por ello le dedico este libro. Martínez sabe sobre cada uno de nosotros mucho más que nosotros mismos.

Henri

André Breton, escritor, 1960

Lincoln Kirstein, escritor, fundador del New York City Ballet, 1959

Lili Brick-Maiakovsky, 1954

Leonor Fini, Pintora

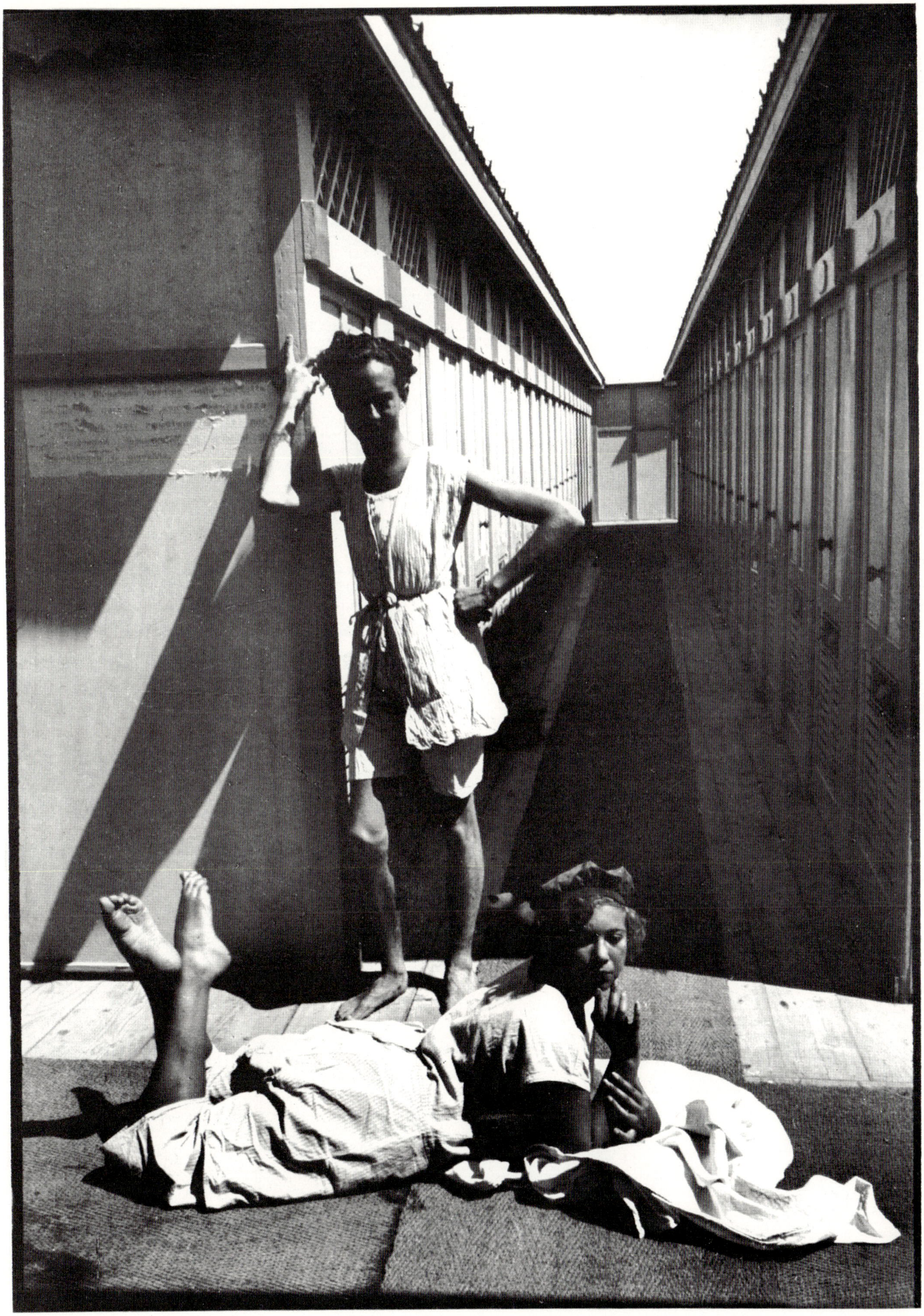

Leonor Fini y André Pieyre de Mandiargues, 1933

Jacques Prèvert, poeta, 1973

Samuel Beckett, escritor, 1965

Jean Genet, escritor, 1964

Albert Camus, escritor, 1946

Los hermanos Alstop, periodistas, 1946

Mademoiselle Chanel, 1961

Henri Matisse, pintor, 1944

Pierre Bonnard, pintor, 1944

"Flo-Flo", viticultor, 1944

Elsa Triolet, escritora, 1945

Pierre Colle, marchante de arte, 1936

Jacques Tati, cineasta, 1964

Christian Bérard, pintor, 1948

Catherine Ann Porter, escritora, 1946

Truman Capote, escritor, 1946

Robert Lowell, poeta, y su hija, 1946

Jinnah, fundador del Pakistán, 1949

William Faulkner, escritor, 1946

Igor Markievitch, compositor y director de orquesta, 1962

Henri Laurens, escultor, y Tériade, editor de arte, 1953

Glenn Seaborg, físico atómico, 1960

André Malraux, escritor y ministro de cultura, 1969

Mara Lucas (Marie-Claude Vaillant Couturier), periodista, 1945

Carlo Levi, escritor y pintor, hacia 1952

Sam Szafran, pintor, 1981

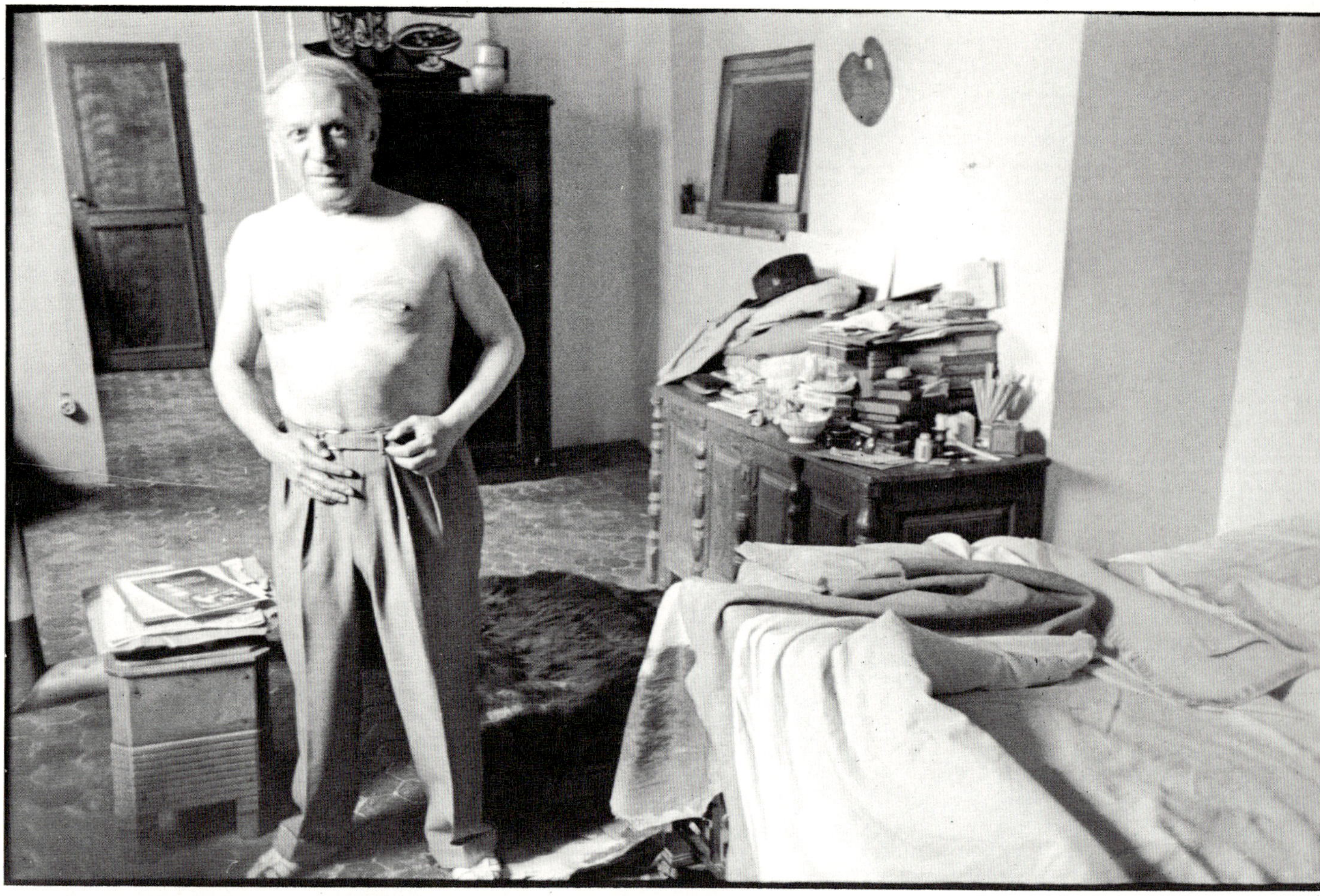

Pablo Picasso, pintor, 1946

Joe Liebling, escritor, 1960

Paul Leautaud, escritor, 1952

El duque y la duquesa de Windsor, hacia 1955

Paul Valéry, poeta, 1946

Elsa Triolet y Louis Aragon, escritores, 1946

Kenzo Tange, arquitecto, 1982

Pierre Jean Jouve, poeta y escritor, 1965

Louis Kahn, arquitecto, 1961

Nancy Cunard, hacia 1960

Carson McCullers, escritora, 1946

Willy Varlin, pintor, 1967

Jacob Robert Oppenheimer, físico, 1958

Jean Paul Sartre, escritor, y Jean Poulillon, sociólogo, 1946

Robert Flaherty, cineasta, 1935

Eugène Ionesco, escritor, 1971

Marc Chagall, pintor, 1964

Alexander Calder, escultor, 1971

Alberto Giacometti, escultor, 1964

Francis Bacon, pintor, 1972

Alfred Stieglitz, fotógrafo, 1946

Alexey Brodovitch, tipógrafo, 1974

Georges Rouault, pintor, 1946

François Mauriac, escritor, 1953

André Pieyre de Mandiargues y Bona, 1972

Andre Pieyre de Mandiargues, escritor, 1928

Tonio Salazar, diseñador, 1934

Louis Aragon, escritor, 1970

Koen Yamaguchi, Manjum, monje budista, 1965

Colette, escritora, y su doncella, 1954

Carl Jung, psicoanalista, 1966

Ezra Pound, poeta, 1971

Irène y Frederic Juliot-Curie, físicos, 1944

Pier Luigi Nervi, ingeniero y arquitecto, 1965

Claude Levi-Strauss, etnólogo, 1973

Roland Barthes, sociólogo, 1968

Suziel Bonnet, librera, 1960

El trompetista de jazz Jo y su mujer, 1935

Jean Renoir, cineasta, 1946

Igor Strawinsky, compositor, 1967

Hortense Cartier-Bresson, pianista, 1980

Marcel Duchamp, artista, hacia 1968

Elsa Troilet, escritora, 1964

Pierre Bonnard, pintor, 1944

Henri Matisse, pintor, 1944

Alberto Giacometti, escultor, 1938

Saul Steinberg, diseñador, 1946

COLOQUIO SIN COMILLAS CON H.C.-B.

por Ferdinando Scianna

Ser un gran fotógrafo no implica necesariamente ser un gran retratista. Antes bien, pocos son en la historia de la fotografía los buenos retratistas que han alcanzado celebridad como reporteros o paisajistas. Henri Cartier-Bresson es uno de ellos.

Desde hace diez años Cartier-Bresson no hace fotografías. Solamente dibuja, con humildad y entrega, de la misma forma apasionada en la què lleva a cabo todas las acciones de su vida. De este modo, según él, ha reencontrado su verdadera vocación y ha cerrado el "paréntesis" de la fotografía. Este paréntesis ha durado cincuenta años y le ha hecho acreedor al reconocimiento mundial.

Desde que comenzó a dedicarse al dibujo, las únicas fotografías que ha continuado realizando con placer son los retratos. Henri Cartier-Bresson, que conoce desde su juventud las obras de Proust, Saint Simon y Stendhal, es un decidido admirador del hombre. Su vínculo con el retrato ha sido siempre particularmente intenso. Tal vez por ello, ha querido que este volumen se dedicara a una parte tan importante, aunque poco conocida, de su obra fotográfica.

Cartier-Bresson ya había explicado sus concepciones sobre los retratos en una de las más memorables páginas de un texto, pieza básica para el conocimiento de su obra creativa, que su amigo, el editor Tériade, le obligó a escribir en 1952 como prólogo a *Images à la sauvette* y que constituye un imprescindible punto de referencia para tres generaciones de fotógrafos que, con opinión favorable o contraria, se han visto de un modo u otro vinculados a él.

Para este volumen ha querido añadir otras anotaciones y reflexiones maduradas en estos últimos años, que centran las ideas sobre el tema y ponen de manifiesto nuevos, sorprendentes y fascinantes aspectos. Ha escogido para ello el método que le es más afín: la conversación, que no entrevista, con un amigo.

Entrevistar a Cartier-Bresson es, de hecho, imposible. Las declaraciones entrecomilladas le parecen una monstruosidad que, según él, coartan la posibilidad de contradecirse; y la contradicción lo es todo en Cartier-Bresson, no porque sus declaraciones contengan conceptos paradójicos, sino porque su propia naturaleza es contradictoria, tan inaprensible como el mercurio.

Cuando se la quiere definir y limitar se fragmenta en mil pequeñas gotas para inmediatamente después recuperar una apariencia compacta. Henri Cartier-Bresson habla a ráfagas, acumula detalles, retrocede, se mueve sin cesar, se arrodilla, se levanta de repente, coge un libro, cita un verso de Char, una frase de Ponge o una descripción de Victor Hugo, persigue sus propias ideas en un elegante rito de danza intelectual. Su mirada móvil e inconstante y sus ojos azules, veteados como el mármol, sorprenden a sus interlocutores. Su juventud y su nervio producen una impresión en ocasiones similar al miedo. Este muchacho de 75 años dejaría fuera de combate sin esfuerzo a cualquier joven fornido.

Primera sorpresa. El retrato –dice Cartier-Bresson– es lo contrario de la imagen tomada *à la sauvette*, a escondidas, subrepticiamente. Para realizar un retrato es necesario requerir y obtener la atención de un modelo. Hay que alcanzar además una sintonía, que llegue a convertirse en connivencia, con la persona fotografiada. Un buen retrato es siempre fruto de una recíproca disponibilidad.

Muchos de sus retratos han sido realizados para ser publicados en libros y revistas. Nunca ha tenido nada en contra del trabajo por encargo, dice Cartier-Bresson. Parece que en la actualidad algunos fotógrafos tienden a resucitar el tardíamente romántico mito del artista que no puede aceptar encargos profesionales sin comprometer su libertad. Él no está de acuerdo con ello. Los grandes artistas del pasado supieron dar muestras de la mayor libertad aún trabajando exclusivamente por encargo, cuando no al servicio de algún patrón. La libertad del artista es otra según Cartier-Bresson: se trata de un riguroso cuadro de referencias en el cual cabe cualquier variante.

Aún así, él no ha realizado retratos directamente para el cliente. En 1952 ya escribía sobre los riesgos de trabajar como retratista por encargo directo de un cliente. Efectivamente, con la excepción de algunos mecenas, todo el mundo desea por principio ser halagado, con lo cual se pierde toda autenticidad. Los clientes desconfían de la objetividad de la cámara mientras los fotógrafos, por contraste, buscan la mayor penetración psicológica posible en sus obras.

Retratar a un cliente, continúa, implica exponerse a la inevitable insatisfacción que supone el comparar el retrato con la imagen que cada uno tiene de sí mismo. La frase "¡Qué mal he salido!" significa muchas veces "qué distinto soy de lo que quisiera y de lo que creo ser".

Como compensación, añade Cartier-Bresson, siempre me ha gustado fotografiar a mis amigos, tal vez una de las más complicadas empresas que pueden abordarse en este oficio.

"La primera impresión que se tiene de un rostro es, frecuentemente, la más precisa y, aunque se enriquezca con el trato personal, resulta más complicado captar la naturaleza de una persona cuando se la conoce más a fondo"

¿Por qué la más difícil? ¿No debería resultar más fácil alcanzar la necesaria "disponibilidad recíproca" con un amigo? No siempre, responde el gran fotógrafo, de hecho, y he aquí otro importante punto de su concepción del retrato, la primera impresión que se tiene de un rostro es frecuentemente la más exacta y, aunque se enriquezca con el trato personal, resulta también más complicado captar la naturaleza de una persona cuando se la conoce más a fondo. Este sentimiento, experimentado por primera vez hace treinta años, continúa vigente en el carácter de Cartier-Bresson, para quien cuando comienza a conocerse íntimamente a alguien, no se termina nunca de conocerlo.

¿Quiere esto decir que pueden hacerse mejores retratos de las personas sobre las que se ignora todo? En absoluto, responde el fotógrafo, yo siempre he intentado conocer la mayor cantidad de aspectos posible de los personajes a los que debía retratar; si se trataba de artistas, quería leer sus libros, ver sus cuadros, escuchar su música o, en cualquier caso, conocer su vida y su obra.

Resulta también imprescindible un cierto bagaje cultural e intelectual, para olvidarlo inmediatamente, de la misma forma en que es necesario, se apresura a añadir, olvidarse de sí mismo frente al modelo y sobre todo provocar el desentendimiento frente a la cámara.

¿Cómo se desarrolla una sesión de retrato con Henri Cartier-Bresson? De la forma más sencilla: en general el fotógrafo se traslada a casa de su modelo, a su ambiente de trabajo o a cualquier otro lugar en el que habitualmente se desenvuelva la persona que va a retratarse. Es éste un requisito muy importante. Si el artista capta los reflejos interior y exterior de un mundo, escribió en el prólogo de *Images à la sauvette*, ello sucede debido a que las personas se hallan "en situación", tal como se dice en lenguaje teatral. Se deberá respetar el ambiente, el hábitat que define el contexto social y, sobre todo, evitar el artificio, que destruye la verdad humana.

"Es necesario encontrar en seguida la posición de luminosidad más favorable; después es casi imposible decirle al modelo que se desplace en una u otra dirección debido a un mal contraluz"

Ésta es la razón de que los retratos de Cartier-Bresson no sean nunca planos muy cortos ni tengan tampoco grandes ambientaciones en las que se pierde la figura. Las personas son enfocadas desde una distancia clásica que permita la conversación con el sujeto, observarlo a través de la óptica "normal" del 50 milímetros que encuadra también una parte muy concreta del ambiente que lo rodea.

Según Cartier-Bresson, es necesario encontrar en seguida la posición de luminosidad más favorable; después es casi imposible decirle al modelo que se desplace en una u otra dirección debido a un mal contraluz. Equivaldría a anular la verdad humana del

encuentro. No debe confundirse, sin embargo, esta verdad con la "espontaneidad", que se identifica exclusivamente con la superficialidad.
¡Abajo la espontaneidad!, exclama sin reparos Cartier-Bresson, ¡Viva la fulguración! tan específica de la fotografía y tan esencial a la obra de este gran artista.
La dificultad, prosigue, reside en el hecho de que es necesario hablar, oír y, manteniendo la cámara pegada al ojo, ser capaz de continuar mirando, o mejor, viendo. ¿Qué puede ser más fugaz que una expresión, que esa misteriosa armonía en la variedad de matices de un rostro, que ese "momento decisivo" que cuando se capta convierte una fotografía cualquiera en un retrato?
Lo que más impresiona a Cartier-Bresson es la capacidad que parece tener el visor de la cámara para desnudar a las personas y atravesarlas como si de rayos X se tratara, revelando el carácter narcisista, arrogante o tímido de los modelos. Un importante problema para el fotógrafo es adecuar su comportamiento a la naturaleza del sujeto. Con los tímidos, la técnica que en ocasiones utiliza el fotógrafo, tal como hizo al retratar a Bonnard, es anunciar que ha terminado después de pocos minutos de sesión, que ya ha realizado el retrato, y continuar charlando hasta que, una vez recuperada la confianza, pueda comenzarse de nuevo como por casualidad.

"Con los tímidos la técnica es anunciar que se ha terminado después de pocos minutos de sesión, que ya se ha realizado el retrato, y continuar charlando hasta que, una vez recuperada la confianza, pueda comenzarse de nuevo como por casualidad"

Cartier-Bresson suele llegar a estas citas con la máquina cargada con un carrete virgen. Si después de 36 tomas aún no existe un retrato es inútil insistir. La sencilla maniobra de volver a cargar la cámara acrecentaría el abismo abierto entre fotógrafo y modelo, dificultando aún más la obtención de la necesaria disponibilidad. En esos casos lo aconsejable es posponer la sesión.
¿Cuánto tiempo es necesario para realizar un buen retrato? En cierta ocasión, esta pregunta le fue formulada a Cartier-Bresson por Simone de Beauvoir, como signo de una recíproca desconfianza provocada por el encuentro de estas dos personalidades un cuarto de siglo después de que el fotógrafo realizara el primer retrato de la escritora. La respuesta fue: "algo menos que lo que dura una visita al dentista y algo más de lo que dura una consulta al psicoanalista". No existen respuestas ni reglas en este caso, como no tiene tampoco respuesta la clásica pregunta del fotógrafo principiante: ¿Qué debo hacer? Podría responderse "nada" o "sé tu mismo", lo que en cualquier caso implica unas amplias expectativas.
Según Cartier-Bresson, el retrato no es en modo alguno una actitud sistemática; las reglas que yo puedo definir son exclusivamente mis propias reglas, los medios de los que me sirvo para realizar con placer mi trabajo. Y para que exista este placer es condición indispensable, para Cartier-Bresson, que todo se desarrolle sin la más mínima violencia.
Cartier-Bresson es perfectamente consciente de que en una sesión de retrato el modelo es, en cierto modo, la víctima del fotógrafo. La fulminante apertura del diafragma es como una picadura de mosquito, hay que alcanzar al modelo "entre la piel y la camisa", en un momento de silencio interior, de la manera más ligera que sea posible, de forma que la picadura sea menos dolorosa. No se puede, sin embargo, insistir durante mucho tiempo sin que el diálogo acabe por convertirse en una tortura.
¿Se da cuenta el fotógrafo del momento en que ha obtenido un buen retrato? La respuesta de Cartier-Bresson es afirmativa, aunque, añade, el milagro puede producirse en tan sólo un momento o después de un largo proceso de maduración.
Con el matrimonio Joliot-Curie, recuerda, se produjo un instante de fulgor. Abrió la puerta y los vio juntos, exactamente donde debían estar. Disparé de improviso, fulminantemente, incluso antes de saludarlos. El trabajo estaba ya completado. Tan sólo permanecí allí, fingiendo realizar nuevas tomas, por educación.
Con Ezra Pound sucedió exactamente lo contrario. Estuvimos el uno frente al otro

"No hay políticos entre mis retratos, tal vez debido a que en el fondo resultan todos iguales en su inexplicable relación con el poder"

"El retrato no es una actitud sistemática; estas reglas son exclusivamente mis reglas, los medios de los que me sirvo para realizar con placer mi trabajo"

más de una hora y media. Yo me encontraba agachado, en cuclillas frente a él, y nos mirábamos sin decir palabra, sin que ninguno de los dos experimentase la más mínima impaciencia. Él se acariciaba las manos. Se trataba de otro ritmo, de otra forma de buscar la consonancia. Cada cierto tiempo hacía una foto. Durante toda la sesión debí realizar como máximo ocho tomas.

Henri Cartier-Bresson ha retratado a infinidad de personajes célebres. Tériade opina que existe cierta ambigüedad en estos retratos debido a la relación que inevitablemente se establece entre su rostro y su imagen pública, que remite a sus obras. Curiosamente, no hay ningún político entre los retratos de Cartier-Bresson. Tal vez se deba a que, como él mismo afirma, en el fondo resulten todos iguales en su inexplicable relación con el poder.

No es que no exista un poder al alcance del poeta o el artista, pero es sin duda mucho menos peligroso que el que ejercen los políticos.

Cartier-Bresson ha realizado, empero, muchos retratos de personas ajenas al brillo de la fama pero no por ello menos entrañables para el artista; la mayor parte de ellos son campesinos con los que está, desde hace tiempo, habituado a convivir. Se conocen íntimamente, y por ello congenian en su común relación.

Hay otras muchas obras de Cartier-Bresson, de mayor o menor fama, que podrían ser consideradas retratos y, sin embargo, según su autor, constituyen fotos de reportaje ya que para él solamente son retratos las imágenes de personas conocidas. Excepción a esta regla es la famosa fotografía de Matisse con sus palomas, contenida en esta colección, que el fotógrafo, en mi opinión equivocadamente, no considera retrato ya que, para él, en un retrato el modelo debe "entregarse" y no dedicarse a otras actividades.

Cartier-Bresson continúa acumulando detalles que poco a poco extienden su definición de retrato a su forma general de entender la fotografía como forma de vida, una manera de conferir un cierto cariz participativo a la existencia y de interrogar sin tregua para recibir respuestas inmediatas y brillantes.

El retrato constituye el método con que cuenta la fotografía para buscar respuestas inmediatas mediante la expresión del rostro y la rigurosa organización de los rasgos, que expresan y representan la verdad del modelo y su relación con el mundo y con la vida de la misma manera que la ha sentido el fotógrafo.

Me doy cuenta de que en esta conversación sin comillas que he tenido el privilegio de narrar, Cartier-Bresson continúa multiplicando las reglas y las prohibiciones, aumentando el rigor de ese cuadro de referencias en el que ejercita su prodigiosa capacidad de variación y creación. Insiste en que estas reglas no son generales, sino exclusivas. Con ellas pretende conseguir su propio deleite y, sin duda, también el nuestro.

Estas reglas son válidas al mismo tiempo para una estética y para una ética, una ética de la inteligencia, de la precisión y del respeto por los demás: el arte de situar en un mismo plano el ojo, el corazón y la mente. Ponen de manifiesto, asimismo, su pasión por el trabajo "en lo auténtico", que prolonga actualmente en su obra de dibujante.

Por todo ello, en estos retratos es reconocible un cierto aire familiar relacionado con los conceptos del fotógrafo sobre las personas, ligados a su vez con sus esquemas psicológicos. Así pues, en todos los retratos de Cartier-Bresson existe un matiz de su propio autorretrato y del nuestro. Es éste un milagro que solamente los verdaderos artistas pueden conseguir.

Cronología

1908. Nace el 22 de agosto en Canteloup, Seine-et-Marne.
Cursa estudios secundarios en el liceo Condorcet, donde no llega a graduarse.

1923. Se apasiona por la pintura y por las teorías de los surrealistas.

1927-1928. Estudia pintura en el taller de André Lhote.

1931. Parte a la aventura hacia Costa de Marfil, donde permanece un año.
De regreso a Europa realiza sus primeras fotografías.

1932. Sus primeras fotografías se exponen en la galería Julien Lévy de Nueva York y son a continuación presentadas por Ignacio Sánchez Mejías y Guillermo de Torre en el Ateneo de Madrid.
Charles Peignot las publica en *Arts et Métiers Graphiques*.

1934. Viaja a México, donde permanecerá un año con una expedición etnográfica. Expone sus fotografías en el Palacio de Bellas Artes de la capital.

1935. Vive en Estados Unidos y comienza a interesarse, junto con Paul Strand, por el cine.
No realiza fotografías.

1936-1939. Trabaja como ayudante de Jean Renoir, junto con Jacques Becker y André Zvoboda.

1937. Realiza un documental sobre los hospitales en la España republicana: *Victoire de la Vie*.

1940. Después de dos intentonas infructuosas, consigue evadirse de manos de los alemanes, que lo habían hecho prisionero.

1943. Entra a formar parte del MNPGD, movimiento clandestino de ayuda a prisioneros y evadidos.
Realiza para la editora Braun retratos de artistas, pintores y escritores (Matisse, Bonnard, Braque, Claudel, etc.).

1944-1945. Se une al grupo de profesionales que fotografían la liberación de París.
Realiza *Le retour*, documental sobre la vuelta de los deportados y prisioneros.

1946. Pasa más de un año en Estados Unidos para completar una exposición "póstuma".
El Museo de Arte Moderno de Nueva York, considerándolo desaparecido, había tomado esta iniciativa.

1947. Henri Cartier-Bresson funda, con Robert Capa, David Seymour y Georges Rodger, la agencia cooperativa Magnum Photos.

1948-1950. Pasa tres años en Oriente: India, Birmania, Pakistán, China e Indonesia.

1952-1953. Reside en Europa.

1954. Henri Cartier-Bresson es el primer fotógrafo admitido en la URSS después del "deshielo".

1958-1959. Retorna a China para permanecer allí tres meses con ocasión del décimo aniversario de la República Popular.

1960. Desde Cuba, donde realiza un reportaje, vuelve, después de treinta años, a México para permanecer allí durante cuatro meses.
Más tarde marcha a Canadá.

1965. Vive seis meses en la India y tres en Japón.

1966. Henri Cartier-Bresson abandona la agencia Magnum, que sin embargo conserva bajo su custodia los archivos del fotógrafo. Como ya lo habían sido anteriormente, sus obras son imprimidas por el Pictorial Service en París.

1969. Durante un año prepara una exposición que se inaugurará al año siguiente en el Grand Palais: *En France*.
Realiza en Estados Unidos dos documentales para CBS News.

Después de 1971. Se dedica exclusivamente al dibujo.

Colecciones públicas (400 fotografías)
Foundation Demenil, Houston, Texas.
Bibliothèque Nationale, París.
Victoria an Albert Museum, Londres.
University of Fine Arts, Osaka, Japón.

Bibliografía

1947. The photographs of Henri Cartier-Bresson.
Monografía publicada por el Museo de Arte Moderno de Nueva York.

1952. Images à la sauvette.
Texto de Henri Cartier-Bresson.
Portada de Matisse.
Obra concebida y realizada por Tériade.
Ediciones Verve, París.
Edición norteamericana:
The decisive moment,
Simon & Shuster, Nueva York.

1954. Les danses à Bali.
Texto de Antonin Artaud sobre el teatro balinés con comentarios de Béryl de Zoete.
Delpire Editeur, París.

1954. D'une Chine à l'autre.
Prólogo de Jean-Paul Sartre.
Delpire Editeur, París.

1955. Les Européens.
Introducción de Henri Cartier-Bresson.
Portada de Joan Miró.
Obra concebida y realizada por Tériade.
Ediciones Verve, París.

1955. Moscou, vu par Henri Cartier-Bresson.
Delpire Editeur, París.

1958. Henri Cartier-Bresson. Fotografías.
Texto de Ana Farova.
Praga y Bratislava.

1963. Photographies de Henri Cartier-Bresson.
Delpire Editeur, París.

1964. China.
Fotografías y notas sobre quince meses pasados en China.
Edición inglesa de Barbara Miller, Bantam Books, Nueva York.

1966. The Galveston that was.
Texto de Howard Barstone.
Fotografías de Ezra Stoller y Henri Cartier-Bresson.
Macmillan Company, Nueva York y The Museum of Fine Arts, Houston.

1968. L'homme et la machine.
Introducción de Etiemble. Obra patrocinada por I.B.M.
Editions du Chêne, París.

1968. Flagrants délits.
Delphire Editeur, París.

1968. Impression de Turquie.
Introducción de Alain Robbe-Grillet.

1970. Vive la France.
Texto de François Noirissier.
Publicado por Selecciones del Reader's Digest, Robert Laffont, París.

1972. The Face of Asia.
Introducción de Robert Shaplen.
Publicado por John Weatherhill (Nueva York y Tokio) y Orientations Ltd. (Hong Kong).
Edición francesa: *Visage d'Asie*, Editions du Chêne, París.

1973. A propos de l'URSS.
Editions du Chêne, París.

1973. The decisive moment. Henri Cartier-Bresson.
Material para educación audiovisual, colección "Images of man", editado por Scholastic Magazines Inc., Nueva York.

1981. Henri Cartier-Bresson: Photographie.
Texto de Yves Bonnefoy.
Delpire Editeur, París.
Ediciones norteamericana, inglesa, alemana y japonesa.

1982. Henri Cartier-Bresson.
Prólogo de Jean Clair.
Colección "Photo-Poche", publicada por la Fondation Nationale de Photographie, París.

Exposiciones

Fotografías

1932. Primera exposición en la galería Julien Lévy de Nueva York y en el Ateneo de Madrid.

1934. Exposición con Manuel Álvarez Bravo en el Palacio de Bellas Artes de la Ciudad de México.

1935. Exposición con Walker Evans en la galería Julien Lévy de Nueva York.

1947. Exposición "póstuma" en el Museo de Arte Moderno de Nueva York (300 fotografías)

1948. Exposición en Bombay.

1952. Exposición en el Institute of Contemporary Arts de Londres.

1953. Exposición en Florencia.

1955. Exposición de cuatrocientas fotografías en el Museo de Artes Decorativas de París, que después se haría itinerante por diversos museos de Europa, Estados Unidos, Canadá y Japón.

1964. Exposición en la Phillipps Colection, Washington.

1965. Segunda exposición retrospectiva presentada primero en Tokio y, a continuación, en el Museo de Artes Decorativas de París (1966-1967).
Esta exposición fue trasladada después a Nueva York (1968), Londres (1969), Amsterdam, Roma, Zurich, Hamburgo, Bremen, Munich, Milán, Colonia y Aspen.

1970. Exposición "En France" en el Grand Palais de París, que después se presentará en otras ciudades de Francia hasta 1976.
Se presentó también en Estados Unidos (1970), en la URSS, en el Picadero de Moscú (1972), en Yugoslavia (1973), en Australia y en Japón (1974).

1974. Exposición sobre Rusia (1953-1974) en el International Center of Photography de Nueva York.

1975. Homenaje a Henri Cartier-Bresson en el Trienal Internacional de Fotografía, presentada por Michel Terrapon en Friburgo.

1981. En colaboración con el International Center of Photography de Nueva York, Robert Delpire organiza una exposición que será presentada, a lo largo de tres años, en los principales museos de Europa y América.

1982. "Portraits, 1932-1982". Galería Eric Franck, Ginebra.

Dibujos

1975. Primera exposición en la Carlton Gallery de Nueva York.

1976. Exposición en la galería Bischofsberger de Zurich.

1976. Exposición en la galería Lucien Henry de Forcalquier.

1981. Exposición en el Museo de Arte Moderno de la Villa de París.

1982. Exposición en el Museo de Arte Moderno de Ciudad de México.

1983. Exposición en el Instituto Francés de Estocolmo.

Películas

Segundo ayudante de dirección de Jean Renoir en 1936, con *La vie est à nous* y *Une partie de campagne*, y en 1939, con *La règle du jeu*.
Henri Cartier-Bresson dirige:

1937. Victoire de la vie.
Documental sobre los hospitales de la España republicana, con el operador Jacques Lemare.

1944-1945. Le retour.
Documental sobre el regreso de los prisioneros de guerra y los deportados, producido por la OWI y por el Ministerio de Prisioneros. Realizado con el Lt Banks, el C^ne^ Krimsky y la productora Norma Ratner.

1969-1970. Dos documentales para CBS News:
Impressions of California, con el operador Jin Boffety.
Southern exposures, con el operador Walter Dombrow.

1967. Flagrants délits.
Film de fotogramas fijos realizado por Robert Delpire. Banda sonora original de Diego Masson. Delpire Production, París.

Índice de ilustraciones

Agradecimientos

Quiero agradecer a Maurice Coriat la precisión y elegancia con la que ha elaborado la compaginación de este volumen; a Daniel Arnaud le agradezco, en la misma medida, el esfuerzo de "sumergirse" en mis archivos de Magnum para sacar a la luz estas imágenes; a André Pieyre de Mandiargues, Ferdinando Scianna y Lamberto Vitali les agradezco su deferente amistad.
Agradezco a Martine Cartier-Bresson y a Jean Genoud sus inapreciables consejos, y asimismo a Eric y Dominique Franck, organizadores de la exposición de Ginebra, preludio de este libro que no habría podido realizarse sin la inapreciable ayuda de los impresores del Pictorial Service.

Romeo Martínez nació en 1912 y ha estudiado en varios países, entre ellos España, Suiza, Italia y Francia, donde obtuvo su licenciatura en Ciencias Políticas. Desde 1933 ha trabajado en el periodismo gráfico y colaboró en *Le Monde Illustré*, *Vu* y *Regards*, entre otras revistas. Fue artífice del relanzamiento a escala internacional de la prestigiosa revista *Camera* y organizó las Mostre Biennali Fotografiche de Venecia desde 1957 a 1965. Director de la serie *Bibliothek der Photographie* y autor de numerosos libros de historia de la fotografía, organizó el departamento iconográfico del Centro Pompidou de París.
Es miembro del Consejo de Administración y de la Comisión artística de la Société Française de Photographie y socio de la Deutsche Gesellschaft für Photographie.

Bryn Campbell nació en 1933 en un pueblo cercano a Cardiff (Gales). Se dio a conocer al gran público gracias a la serie de la BBC *Exploring Photography*. Su actividad se ha diversificado entre la fotografía y los textos sobre este arte. Tras trabajar durante un año con la empresa Magnum, fue fotógrafo oficial de la expedición inglesa que en 1971 atravesó Canadá siguiendo rutas fluviales. Durante 1978 y 1979 pasó cuatro meses en la isla de Santa Elena enviado por la revista *Geo*, y más tarde trabajó para el *Observer Magazine*. Es adjunto a la dirección de *Practical Photography* y del *Photo News Weekly*, redactor de *Camera & Equipment* y adjunto a la dirección del *British Journal of Photography*. Desde 1974 enseña en el departamento de fotografía del Polytechnic of Central London. Es, asimismo, miembro del Institute of Incorporated Photographers y de la Royal Photographic Society.

LOS GRANDES FOTÓGRAFOS

Director
Juan Manuel Prado

Comité científico
Romeo Martínez
Bryn Campbell

Fotocomposición Diorki

Suscripciones
Apartado de Correos 35.432
08080 Barcelona

Publicado por
Ediciones Orbis, S. A.
Apartado de Correos 35.432
08080 Barcelona

Impresión y encuadernación
Printer industria gráfica, S.A.
Ctra. N-II, Km. 600
Cuatro Caminos s/n
Sant Vicenç dels Horts

ISBN (Obra completa) 84-402-0958-4
ISBN (Volumen I) 84-402-0959-2

Depósito Legal: B. 7.431-1990